Aurélienne Dauguet

Aktiviere deinen inneren Heiler

MERANO-VERLAG

Umschlaggestaltung:
Ein großes Dankeschön an Claudia Zanvit für das besondere Foto auf dem Buchcover: enso2@mac.com

Bibliografische Information der Deutschen Nationalbibliothek: Die Deutsche Nationalbibliothek verzeichnet diese Publikation in der Deutschen Nationalbibliografie; detaillierte bibliografische Daten sind im Internet über http://dnb.dnb.de abrufbar.

© März 2022 - Merano-Verlag, Kipfenberg, Deutschland

Herstellung: BoD - Books on Demand, Norderstedt

ISBN: 978-3-944700-35-9 (Paperback)

ISBN: 978-3-944700-95-3 (e-book)

Inhaltsverzeichnis

TEIL 1: MULTIDIMENSIONALITÄT DES WESENS UND DEREN UNTERSCHIEDLICHE ZUGÄNGE

Kommunikation mit den verschiedenen Ebenen des Selbst
Vertrauen anstatt Drama
Die Regenerationskräfte des Organismus

Du als lebendiges, menschliches Wesen bist multidimensional. Du bist vielseitig in der Beschaffenheit deines Wesens und du besitzt zahlreiche, unterschiedliche Aspekte. Manche sind Teil deines bewussten Selbst: deine freundliche Facette, dein zorniger Anteil, deine komischen Gewohnheiten, dein kosmisches Streben, dein schmerzendes Knie, deine Achtsamkeit und/oder dein Hang zur Schlampigkeit, deine unterwürfige Tendenz und deine dominante Neigung. Und vieles mehr.

Du hast multiple Ebenen deines Daseins entwickelt und bis jetzt genährt. Du bist der vielseitige Ausdruck deiner Einheit. Vergleichbar mit der Diskokugel samt ihren unzähligen Facetten strahlst du in die Welt hinaus. Wie du bist, wie du meinst zu sein, wie du gerne wärest und wie du sein solltest: zahlreiche Seiten des Einen im Inneren, die sich in ständigem Wandel befinden.

Wie gehst du mit all dem um? Mit den wechselnden Rollen: Mutter, Frau, Schriftstellerin, Einkäuferin, Therapeutin, Schwester, Tante, Nachbarin, Empfangende, Gebende,

Klärende, Steuersklavin, Aktivistin, Schlafmütze und noch weitere…

ÜBUNG A:

Hier eine wichtige Visualisierung, um deine Vielseitigkeit zu verinnerlichen: Alle Facetten der Diskokugel sind mit einem hochkonzentrierten Punkt im Zentrum verbunden. Je mehr von denen in den zentralen Fokus der Kugel konvergieren, umso stabiler ist dein Wesen. Aus diesem Kern heraus kannst du gelassen und zuversichtlich mit deinen vielen Aspekten interagieren. Dieses Zentrum in dir verleiht dir die nötige Übersicht sowie eine Energie-Bündelung, die eine ausgewogene Vermittlung und Interaktion zwischen den Anteilen deines Wesens ermöglicht.

Es ist dein Ziel, dich diesem leuchtenden, goldenen Punkt mitten in deinem persönlichen Universum zu nähern und ihn als Leuchtturm anzupeilen. Dieser Lichtpunkt ist deine Essenz: er ist die Einheit in dir, die als vielseitige Aspekte deiner Persönlichkeit nach außen zum Ausdruck kommt. Dieser Lichtpunkt, den du vergessen hast, von dem du abgelenkt wirst, der dich jedoch ständig zur Erinnerung ruft. Horch bitte zu!

Wenige sind sich bewusst, dass ihr unsichtbarer Anteil unendlich größer ist als ihr Sichtbarer.

Der nicht inkarnierte, ewige Teil schenkt dem Sichtbaren und Ephemeren Leben, d.h. Lebenswille, Lebendigkeit und Lebenskraft. Es reicht nicht nur zu leben, sondern die Lebendigkeit muss durch Kraft und Wille aufrechterhalten bleiben. Alles ist ein ständiger on-going process, ein Prozess im Wandel.

Dieses Lebenslicht in der Mitte deiner Kugel (deines Universums) spielt eine wesentliche Rolle in deiner Aufgabe als innerer Heiler. Es ist durch dein Denken/Fühlen erreichbar in Form eines bewussten und unbewussten Austauschs. Es ist durch elektrische Impulse des neurovegetativen Systems und durch hormonelle - chemische Botschaften erreichbar und beeinflussbar. Es lohnt sich nach innen zu gehen und immer wieder von dort aus, eine Standortbestimmung durchzuführen und sich zu fragen: Wie fühle ich mich in meinem Körper, in meiner Gefühlswelt, in meinem Wesen? Und dann wendest du dich der aktuellen Befindlichkeit deiner Persönlichkeit zu, um sie in gleicher Weise zu befragen. Wobei ich in diesem Kontext Fühlen und Emotion unterscheide. Die Emotion vermittelt ihre subjektive und spezifische Botschaft, das Fühlen ist unmittelbar und lügt nicht. Der Kopf erzählt manchmal Geschichten - oder was du gerne hören würdest. Sind jedoch Kopf und Herz synchron, erhalten wir eine zuverlässige Antwort, die unsere Gesundheit, unsere Situation oder unser Leben leiten und sogar retten kann. Aus dieser besonderen Kopf - Herz Konstellation erhalten wir die Inspiration, das unerschütterliche Wissen, den Geistesblitz zusammen mit den tiefsten Einsichten. Konkret gesehen, denken wir über das erwünschte Thema nach, während wir die Hand auf das Herz-Chakra mitten im Brustkorb legen.

Du kennst vielleicht dein inneres Kind, deine innere Frau oder deinen verletzlichen Anteil, deine mutige Rolle. Gleicherweise ist einer deiner wichtigsten Teilaspekte wohl dein innerer Heiler.

So wie jeder ein inneres Kind besitzt - denn wir waren alle Kinder - haben wir einen Heiler-Anteil, da wir alle ausnahmslos über enorme Selbstheilungskräfte verfügen. Diese halten uns am Leben und fördern unsere alltäglichen Regenerations-prozesse im Kleinen wie im Großen.

ÜBUNG B:

Bitte halte inne, um dieser wertvollen, natürlichen Veranlagung der Selbst-Heilung in dir Dankbarkeit zukommen zu lassen. Wähle einen ruhigen Augenblick, setze dich hin und richte deinen Blick nach innen, vielleicht auf ein Ereignis oder ein Leiden, von dem du dich teilweise oder gänzlich erholt hast. Fühle Dankbarkeit, Erleichterung und Zufriedenheit dafür, dass das Problem, das Unbehagen überstanden ist. „Danke, dass es mir gut, besser, immer besser geht!" Spüre richtig hinein: die Entspannung, die Loslösung, die Befreiung und gleichzeitig die Stärkung, die aus der Heilung oder der Lösung entstanden sind. Spüre das ganz tief in deinem Wesen: was für eine Erleichterung! Was für ein Wunder! „Wie dankbar ich dafür bin, dass mein Wesen, mein Körper sich von dieser Hürde/von dieser Erkrankung erholt hat!" Ja, sprich es aus. Lass Tränen fließen, im Falle, dass sie hochkommen wollen: Tränen der

Wertschätzung, Tränen der Freude, der Verbundenheit, die du an deine eigenen Heilkräfte richtest. Vergegenwärtige dir deinen gesunden, ausgeglichenen Zustand. Sich wohl fühlen ist ein Segen und ein Zeichen, dass das Gleichgewicht wieder hergestellt worden ist. Die Tatsache, dass du Dankbarkeit erlebst und aussprichst, intensiviert noch die ganze Erfahrung des (Wieder) Heilseins.

Den Begriff Heilung verwende ich keineswegs im medizinischen Sinne, sondern ich beziehe mich auf den natürlichen Rhythmus der Regeneration im Fluss der ursprünglichen Lebenskraft. Sie schafft und erschafft, repariert und gestaltet immer wieder Neues im Einklang mit der gegenwärtigen Ordnung der lebhaften Kraft des Äthers, der Elemente und des Lichtes (Prana oder Orgon und weitere Bezeichnungen für die Urkraft in Aktion). Das heißt, dass die Erneuerungskräfte ständig am Wirken sind und sich fortlaufend an die jeweiligen Ansprüche des Organismus anpassen. Die Bedingung dafür ist, dass mehr Lebenskraft vorhanden sein muss, als die tägliche Instandhaltung benötigt. Je mehr "überschüssige" Lebenskraft, desto stärker sind das Immunsystem und die Regenerationsfähigkeiten des physischen Körpers.

Diese innere Heilerin/diesen inneren Heiler (Ich werde beide Varianten im Wechsel verwenden) können wir gestalten, wie sie/er uns passt. Man kann sie/ihn visualisieren, ihr/ihm einen Namen und weitere Merkmale verleihen. Es gibt keine Grenzen zur Kreativität und Imagination, um uns diese heilende, fürsorgliche Entität zu vergegenwärtigen. Je konkreter und näher ihre Anwesenheit erlebt wird, desto wirksamer ihre harmonisierende Tätigkeit. Jedoch ist das Wichtigste das Vertrauen in die eigene Heilpräsenz: die Zuversicht in ihre Fähigkeiten, in ihre sofortige Hilfestellung, ihre Differenziertheit und Zuverlässigkeit. Wie in jedem Vertrauensverhältnis ist ein Vorschuss an Vertrauen am Anfang notwendig oder zumindest die Offenheit, sich damit auseinanderzusetzen. Mit der Zeit aber werden die Rückmeldungen des Körpers ihre Wirksamkeit empiristisch belegen. Wenn man vermehrt positive Ergebnisse sammelt, wächst das Vertrauen exponentiell. Das sind die Wunder des inneren Heilers. Bis zum letzten Atemzug können sie uns begleiten. Die Beziehung zwischen der Person und ihrer inneren Heilerin funktioniert umso besser, wenn sie von Respekt, Dankbarkeit und Flexibilität geprägt ist.

Das schließt nicht aus, dass wir uns beraten lassen und Daten sammeln und verarbeiten. Im Gegenteil – es gilt, sich ausführlich zu informieren und die eigene Unterscheidungsfähigkeit walten zu lassen. Jedoch wird die letzte Entscheidung intuitiv mit und vom heilenden Anteil getroffen. Zeit, Beständigkeit und eine klare und präzise Tagebuchführung sind unentbehrlich, um differenzierter mit Informationen, mit Beobachtungen, Eindrücken und mit der inneren Heilinstanz umzugehen. Die Vorteile sind zu schätzen: Unabhängigkeit, Selbstverantwortung, und maßgeschneiderte Heilimpulse in Resonanz mit deiner inneren Integrität. Darüber hinaus ist die innere Heilerin immer gegenwärtig. Unter Umständen warnt sie dich im Voraus mit prophylaktischen Einsichten und

Körperreaktionen und -Meldungen durch Synchronizitäten oder geistige Einfälle - sofern du empfänglich und achtsam bist.

ÜBUNG C:

Nimm dir gleich ein bisschen Zeit, um eine Beziehung zu deinem geistigen Helfer aufzubauen. Die Interaktion fördert Selbsterkenntnis, Tiefe und Autonomie. Wenn sie stabil ist und auf einer zuversichtlichen, klaren Erwartung ruht, verläuft alles ruhig und frei von Drama. Aus dem einfachen Grund, dass der Körper, seine Sprache und die Rückmeldung des Heilers aufeinander abgestimmt sind: Der Zugang dazu ist individuell und daher so einzigartig wie jeder Mensch an sich. Am besten wählst du ein leichtes Unbehagen zum Üben, als Gelegenheit, um dich deinem inneren Helfer anzunähern und eine freie Kommunikation mit ihm aufzubauen. Z.B. durch Fragestellungen wie „Was würde dir guttun: Ruhe, sanfte Beschäftigung oder tatkräftige Bewegung? Wärme oder Kühle?"

„Welche Nahrung brauchen meine Zellen?" Mache kleine, einfache Experimente, die eine direkte Wirkung zeigen. Diese Übung verringert die Entfremdung zwischen dir, deinem physischen Aspekt und deiner Weisheit. Schenk ihm Aufmerksamkeit und rede mit ihm: denn alles im Universum ist Austausch, Energiefluss und Weitervermittlung der Lebenskraft und der Resonanz. Je einfacher und klarer die Kommunikation, desto schlichter und deutlicher die Antwort deines Unterbewusstseins.

In den nächsten Abschnitten wollen wir die unterschiedlichen Ebenen ansprechen: Körper, Empfindung und Emotion, Kopfkino und Intellekt, das innere Göttliche und die Energetik.

Hier möchte ich noch Dr. Albert Schweizer paraphrasieren: "Ich verrate Ihnen, dass wir Ärzte eigentlich wenig tun. Wir senden lediglich dem Organismus einen Impuls, damit er sich selber heilt. Wir heilen nicht."

TEIL 2: DER KÖRPER

Der Körper als Verbündeter, Vehikel, Tempel der Seele und
Sprungbrett zur Manifestationsebene.
Umgang mit Unbehagen
Shifts / Veränderungen
Widerstandskräfte und Ordnungstherapie
Schmerz ist seine Notfall-Sprache: Bitte vorher zuhören!
Bewegung und ihre Vorteile nach Frau Dr. Wendy Suzuki

Die meisten Menschen identifizieren sich mit ihrem Körper und
seiner Gestalt, seiner Größe, seinem Gewicht und weiteren
sichtbaren Merkmalen. Diese Selbstwahrnehmung ist nicht nur
begrenzt, sondern sie wirkt sich auf den ephemeren,
sterblichen Aspekt aus. Was ein gewaltiges Hindernis zur
Entfaltung der Seele darstellt. Diese Auffassung reduziert unser
ewiges Wesen zu einem vorübergehenden Dasein ohne Bezug
zu Herkunft und Erfüllung der Seelenaufgabe. Kein Wunder,
dass es den meisten an echtem Selbstwertgefühl, Selbstrespekt
und Selbstannahme fehlt, was sich auf viele zwischen-
menschliche Beziehungen auswirkt.

Der Umgang mit dem Körper ist in vielen Kulturen, ob westlich
oder östlich, ambivalent oder zwiespältig: zwischen Körperkult
in der materiellen Welt bis hin zur Verdrängung der
Physikalität. In der ersten Version zählen nur das Aussehen, das
Gewicht, die Mechanik und das Messen des materiellen Anteils.
Der ewige Schönheits- und Jugend-Kult sowie intrusive Medizin

sind sein Altar. Die Unsterblichkeit des Körpers wird angestrebt (gefroren oder als Klone), um die Ignoranz über die Unsterblichkeit des Bewusstseins der Seele zu kompensieren. Dadurch - und irgendwie auf widersprüchliche Weise - stellt sein Ableben einen endgültigen Abschied dar - mit allen Ängsten, Verzweiflung und Unsicherheiten, die dazu gehören. Der Mensch ist dann „weg für immer", Opfer seines Schicksals, ohne Sinn und Zweck. In der zweiten Version ist der Körper grob, verführerisch und schmerzhaft – mit Sünde und Leiden verbunden. Viele Leute haben Angst vor ihrem Körper: dass er „unberechenbare" Dinge tut (Allergien, Hautreaktionen, Blutdruckveränderungen, Schmerz, Entzündung, Gewicht Zu- oder -Abnahme usw.). Der Begriff „unberechenbar" beinhaltet einen „Überraschungseffekt", ein Gefühl des Ausgeliefertseins und schlussendlich einen Hauch von „Feindlichkeit": „Was macht er wieder? Warum tut er weh? Es muss einfach aufhören! Ich will einfach das Unbehagen weghaben." Dabei hat er ständig Informationen geschickt und allmählich seine Botschaft immer deutlicher gestaltet, bis Schmerz entsteht: und dann wird er endlich wahrgenommen… - aber vielleicht noch nicht so ernst genommen - oder doch? Bitte höre zu, was er zu sagen hat!

Und so herrscht Angst und Verwirrung in der engsten Beziehung, die es überhaupt gibt, nämlich zwischen der Seele und dem Körper, in der sie während der Inkarnation verweilt.

Der physische Aspekt ist „das Vehikel", wodurch die Seele ihren Ausdruck auf der Erde in der menschlichen - oder auch tierischen und pflanzlichen - Form findet. In der materiellen Welt benötigt der ewige Aspekt einen ephemeren, physischen Anteil, um sich zu verwirklichen. Aus den Informationen der vorigen Inkarnation ist er mit bestimmten Eigenschaften ausgestattet, die für dieses Leben notwendig und sinnvoll sind. Die Physikalität ist die Grundbedingung unserer hiesigen Existenz.

Im Körper ruht die Seele: der materielle Anteil ist das Gefäß oder der Tempel der Seele. Rein aus dieser Perspektive sollte Dankbarkeit für diese physische Erscheinung immer vorhanden sein sowie Achtsamkeit und auch Freude und Bewunderung für die Wunder, die er bewerkstelligt. Der Körper ist die Schnittstelle zwischen den fein- und grobstofflichen Dimensionen. Er ist also nicht nur notwendig für die Erfahrung, die wir auf dem Planeten Erde gerade machen, sondern sein Zustand (ob gesund, fit, energisch, geschwächt oder krank) spielt unmittelbar eine Rolle auf die Qualität der Erlebnisse, die wir anziehen und ansammeln. Ein paar Beispiele, die die Befindlichkeit beeinträchtigen oder verstärken: Wenn wir Hunger haben, fehlt uns die mentale und geistige Konzentration und wir können nicht meditieren. Wenn wir an Verstopfung leiden, fühlen wir uns unwohl, müde, schwer, blockiert. Wenn wir schwer krank sind, ist unsere allgemeine Lebensqualität dadurch wesentlich beeinträchtigt. Es sind zwei verschiedene Versionen vom selben Menschen, die unter-schiedliche Erfahrungen machen, ob kränklich oder fit und fidel.

Mache dir bewusst, inwiefern dein physischer Zustand deine Wahrnehmung der Ereignisse, dein Genießen und Schätzen des Lebens und sogar deine intellektuellen Reflexionen beeinflusst Und zwar betone bitte den Unterschied anhand konkreter Beispiele: im Zustand des gesunden Wohlbefindens - aber auch wenn der Körper Unbehagen empfindet. Bedanke dich bei deinem physischen Körper für die unterschiedlichen Aufgaben, die er bewältigt und erledigt. Bitte nicht nur „Danke" aussprechen, sondern wirklich die Dankbarkeit bis in den Zellen spüren: bis dorthin sollte die dankbare Schwingung hinkommen!

Das ist eine schöne Übung für Anfänger. Sie ist auch immer wieder zur Kontaktaufnahme mit der Intelligenz des Körpers geeignet. Diese Intelligenz wird durch die Aufmerksamkeit, die ihr zusteht, nicht nur genährt, sondern angeregt. Viel Freude dabei und vor allem: eine schöne Verbindung zu deinem materiellen Vehikel!

Auch wenn der Körper sich nicht wohl fühlt, kannst du eine hervorragende Beziehung zu ihm entwickeln. Anstatt Angst, Scham oder Hilflosigkeit zu empfinden, begegne ihm mit Interesse und Neugierde: berühre ihn sanft und liebevoll. Schau ihn an. Sprich mit ihm. Fange ein intimes Verhältnis mit ihm an. Der große Vorteil ist, dass du ehrlich und authentisch mit ihm umgehst. Er weiß sowieso alles über dich. Er macht ja alles mit.

Du kannst bestimmte Körperpartien ansprechen und fragen, warum sie dieses Unbehagen jetzt manifestieren und welche Ursachen dahinterstecken könnten.

Durch deinen Fokus, deine Stimme, dein Interesse und eventuell deine Berührung (das Auflegen deiner Hand) wird sich die Körperregion anders verhalten. Sie wird sich vielleicht entspannen und empfänglich werden für heilende Impulse und höhere Schwingungen. Die Öffnung verringert sofort die Anspannung und den Druck, fördert die Blutzirkulation und setzt den Prozess der Regeneration in Gang. Die Zellen sind intelligent und telepathisch und registrieren unmittelbar eine achtsame Absicht. Diese Reaktion mag sehr deutlich oder kaum spürbar sein, abhängig wie sensibel der Beobachter ist und wie gesund oder ungesund die Stelle ist. Aber ein energetischer Ansatz ist mit Sicherheit vorhanden, wie die Quantenphysik bestätigt. Der Beobachter beeinflusst das Beobachtete. Negative Gefühle auf den Körper gerichtet werden als energieraubend und frequenzmindernd vom Gewebe aufgenommen. Eine achtsame Betrachtung der Stelle mit der Absicht zu verstehen, warum es sich schmerzhaft, geschwollen, gestaut anfühlt, wird positiv aufgenommen: sofort steigt die Schwingung und setzt einen Impuls Richtung Verbesserung. Meistens wird die Reaktion das 1. Mal minimal sein. Manchmal ist sie aber regelrecht bemerkbar. Manche Male wirkt der achtsame Umgang wie ein Wunder und unterstützt und intensiviert jede Art von Behandlung. Und jede Situation ist einmalig und eine ganz besondere Begegnung mit deinem Körper!

Die Beobachtung, dass ein „shift"/eine Veränderung stattfindet, ist eine Bestätigung, dass eine Interaktion vorhanden ist. Stau ist krankhaft, schmerzhaft, entropisch. Energiebewegung ist der Beweis, dass eine Entstauung stattfindet. Leben ist Fluss und Bewegung und Wirbel, wie Schauberger, der große Forscher, über das Wasser und die Essenz des Lebens belegt hat. Energetisch gesehen ist es das Ziel, einen Impuls zu senden und die Lebendigkeit dadurch zu fördern. Ein kleiner Schubs kann vieles bewirken. Weniger ist mehr. Lass die weise Natur ihren Verlauf wiederfinden. Beobachte und begleite den Prozess ohne Aktionismus. Die Natur sucht ständig das Gleichgewicht, die Heilung, das Wohlbefinden. Erschaffe das richtige Umfeld dafür durch Ruhe, Hineinhorchen und Beobachten. Die Polarität bringt den Zustand der Ausgewogenheit immer wieder aus der Harmonie und gibt ihr die Möglichkeit wieder in Einklang mit der Blaupause zu kommen. In ihr liegt die Frequenz der Gesundheit, der Balance und sie wird alles mobilisieren, um wieder ins Lot zu kommen. Das Wissen ruht in der DNA, in den Zellen, im morphischen Feld aber auch in der Aura.

Es ist sinnvoll sich mit den individuellen Merkmalen deines materiellen Leibes auseinanderzusetzen. Wie in jedem Verhältnis macht es Sinn, sich zu vergegenwärtigen, mit wem wir zu tun haben, wie wir kommunizieren wollen und was wir gemeinsam erfahren möchten. Über den physischen Körper habe ich ausführlich berichtet in meinem Buch GESUNDE ABGRENZUNG. Er braucht Zeit, um eine neue Information zu integrieren, um die Veränderung in den Zellen und im Gewebe umzusetzen. Er wirkt langsamer als der Geist. Er ist aber sehr rezeptiv für gesunde Impulse. Leider ist er genauso empfänglich für Zweifel oder Selbstentwertung. Er besitzt sein eigenes Tempo und ist jeden Tag ein wenig anders. Rücksicht, Respekt, Achtsamkeit sind im Austausch mit ihm eine gute Strategie sowie ein geduldiges Vorankommen in den Prozessen des Alltags.

Siehst du: die Art des Umgangs mit deinen Zellen ist vergleichbar mit der Interaktion mit deinen Mitmenschen. In den anfänglichen Stadien empfiehlt es sich, sorgfältig zu sein. Wenn wir uns besser kennen, können wir uns vielleicht mehr zutrauen und doch sollten wir immer Achtsamkeit walten lassen. Mit deinem Verbündeten fühlst du dich tief verbunden, so dass du seine Reaktion vorahnen und seine Grenzen gut abschätzen kannst.

Der Leib gibt uns Feedback durch seine körperlichen Zeichen. Sie zeigen entweder eine Besserung, eine Verschlechterung oder einen gleichbleibenden Zustand. Wenn wir uns auf eine Schwarz-Weiß Beurteilung beschränken, mag es sein, dass wir zu ungültigen Schlüssen kommen. Positiv ist nicht nur eine Besserung, sondern unter Umständen eine Veränderung, die von chronischem zu akutem Unbehagen verläuft. Es gibt eine kurze erste Verschlimmerung, die in sich einen gesunden Shift bewirkt. Wo der Stau sich auflöst, kommt der Fluss in Bewegung, manchmal von akutem Unbehagen begleitet. Stell dir diese blockierte Energie vor, die sich über Jahre angesammelt hat. Durch den Heilimpuls kommt sie in Gang.

Das ist kurz zusammengefasst eine einfache, aber treffende Beschreibung des Heilungsprozesses von chronischen Blockaden. Chronisches muss zuerst akut werden, um geheilt zu werden, damit es seinen Weg aus dem Körper herausschafft.

Der Schmerz ist eine Meldung des Körpers, um Aufmerksamkeit auf eine Disharmonie zu lenken Das Kind weint, um sein Leiden auszudrücken und um den Fokus auf seine Bedürfnisse zu ziehen. Das Unbehagen ist ein Ausdruck des Körpers, um zu vermitteln, dass etwas aus dem Gleichgewicht geraten ist. Bitte auf diese Botschaft hinhorchen, sie ernst nehmen, anstatt sie zu verdrängen oder versuchen, sie zu betäuben. Der Schmerz ist ein Hilferuf. Die heilende Aufmerksamkeit kann Wunder bewirken: sie kann uns dazu führen, Gewohnheiten und Verhaltensweisen zu modifizieren z. B. unsere Ernährung. Daraus kann ein Bewusstseinssprung entstehen. Der therapeutische Fokus will das Funktionieren des Körpers verstehen, damit er ihm zukommen lassen kann, was benötigt wird. Auf einer höheren Ebene verleiht die Lenkung der heilenden Absicht auf das Leid oder auf die Disharmonie einen nährenden und „Ordnung schaffenden" Impuls auf das Gewebe, das aus dem Gleichgewicht geraten ist. Anerkennung und Akzeptanz auf die Stelle zu richten, wirkt heilend im ursprünglichen Sinne von „wieder eins, wieder heil / heilig / oder vollkommen machen". Wenn das Kind, der Mensch, das Tier, die Pflanze und alles Lebendige in Achtsamkeit gebadet werden, steigt die Lebendigkeit des Wesens. Seine Aura dehnt sich aus. Die Schwingung erhöht sich und ermöglicht die Wiederherstellung der ursprünglichen Ordnung.

Deshalb haben Dr. Bircher-Benner, andere Ärzte und Heiler (z.B. Pfarrer Sebastian Kneipp) ihre Heilmethode Ordnungstherapie genannt. Diese grundlegend unterstützenden Maßnahmen sind nicht eingreifend und schmiegen sich an die Urbedürfnisse des Körpers an. Ihre synergetische Wirkung bleibt selten aus. Sie können auch parallel oder zusätzlich zu anderen Behandlungen erfolgreich eingebaut werden.

Körperliche Tätigkeit und Freude an Bewegung wirken sich nicht nur positiv auf die Kondition, sondern auch auf die psychische und mentale Gesundheit aus. Die Neurowissenschaftlerin Dr. Wendy A. Suzuki hat am eigenen Leib und im Labor die aufbauenden Effekte von körperlicher Betätigung auf die Stimmung und auf das Gedächtnis erforscht. Darüber hinaus hat es sich herausgestellt, dass regelmäßige Bewegung gegen neurodegenerative Erkrankungen wie Parkinson oder Alzheimer vorbeugend wirken. Persönlich habe ich die regenerative Funktion physischer Herausforderung während meiner Umstellung auf Lichtnahrung erlebt. Sie wurde noch beindruckender, als ich mich immer mehr bewegt habe: ich fand heraus, dass ich direkt Kraft oder eine Art Nahrung und Sättigung aus der Freude an der Beweglichkeit bekomme. Körperliche Aktivität wurde für mich zu einer Energie- und Nahrungsquelle. Das steht ganz im Gegensatz zu dem, was ich gelernt hatte: nämlich, dass Übung müde und hungrig macht. Noch dazu habe ich beobachtet, dass Sport für die intellektuelle Tätigkeit förderlich ist. Danach ist das Gehirn gut durchblutet, mit frischem Sauerstoff geladen und angeregt. Darüber hinaus bilden sich durch die Disziplin des Körpers eifrige und neue

Synapsen. Ich wünsche dir viel Spaß an deiner körperlichen Beweglichkeit! Hauptsache ist, dass du das richtige Maß und die passende Art der Tätigkeit für dich ausfindig machst und sie auch regelmäßig aktualisierst, damit sie mit deinen aktuellen Bedürfnissen übereinstimmt.

Je besser wir unseren eigenen Körper kennen, desto mehr wird er zu unserem Verbündeten. Wir erlangen eine größere Selbstbeherrschung, denn er wird leichter ansprechbar auf feine Schwingungen und geistige Einsichten. Wir werden dann zum eigenen Experten, zum Selbst-Experten. Wir erkennen leise Botschaften und können frühzeitig Mangelerscheinungen beheben, ein Zuviel oder ein Zuwenig ausgleichen oder ungünstige Gewohnheiten ablegen. Dem eigenen Körper vertrauen zu können, ist ein Segen. Mit ihm zusammenzuarbeiten, von ihm zu lernen und mit ihm dieses Leben natürlich gesund bis ins hohe Alter zu genießen sind dem „an sich arbeitenden Menschen" vorbehalten Es lohnt sich. Die Mehrheit verhält sich leider, als ob ihr Körper ein Gegenstand zum Wegwerfen sei. Sie lassen sich erst recht betäuben, wenn es Zeit ist, die große Reise anzutreten: Das Hinübergehen, wofür wir eigentlich erhellende Klarheit benötigen. Der „wissende" physische Leib führt uns durch die verschiedenen Schritte, anstatt von Todesangst gelähmt zu sein. In welchen Dimensionen wirst du wohl landen, wenn dein Gewahrsein von Angst, Drogen und Ignoranz getrübt und verzerrt ist. Wahrscheinlich nicht in den höchsten spirituellen Dimensionen. Im Idealfall wird der Körper als Verbündeter fungieren, wenn er anfängt, sich für das große Loslassen vorzubereiten. Wer empfänglich und klar im Geiste sowie im Einklang mit seiner Seele ist, ist imstande die Botschaft zu empfangen und anzunehmen. Auch wenn der Abschied als Mensch ihm nicht unbedingt leichtfällt. Auf jeden Fall wird er sich nicht in Angst und Schrecken dagegen wehren.

Zum Wahrnehmungsapparat des menschlichen Leibes als Empfänger und Sender darf ich ein Zitat von Wolfgang von Goethe einführen: „Der Mensch an sich, insofern er sich seiner gesunden Sinne bedient, ist selber der größte und genaueste physikalische Apparat, den es geben kann. Und das größte Unheil der neuen Physik ist, dass man die Experimente gleichsam vom Menschen abgesondert hat und bloß mit dem, was künstliche Instrumente zeigen, die Natur erkennen, ja was sie leisten kann, dadurch beschränken und beweisen will". Durch die Aura, die Nadis und die Chakren, durch das Meridiansystem sowie durch die weniger bekannte Haut-Plaque, die vom italienischen Psychiater Giuseppe Calligaris (1876 -1944) untersucht und belegt worden sind. In den 30er und 40er Jahren des letzten Jahrhunderts hat er durch seine Methode - Psiram genannt - Druck auf bestimmte Hautstellen ausgeübt und in Verbindung mit präzisen paranormalen Fähigkeiten gebracht. Sein Werk muss wohl recht wertvoll sein angesichts der Neugierde der CIA dafür und der vernichtenden Artikel von Wikilüge über seine Forschung.

Eine einfache Übung, die jedoch ein wenig Zeit benötigt, bis sie gemeistert wird, ist das Ausfindigmachen von Lebensmitteln, die dein Körper benötigt. Was tut sich, wenn du dieses Getränk, diese Pommes weglässt und sie dauerhaft mit etwas anderem ersetzt? Die Nahrung kann den Leib und seine Leistung beeinflussen sowie seine geistigen und intellektuellen Fähigkeiten wie Konzentration, Wachheit und sogar die Bildung von Synapsen. Die Verdummung fängt mit der Nahrung an, die Nachrichten vollenden sie. Es lohnt sich, etwas zu unternehmen, um unsere Grundfähigkeiten zu fördern und die wahre menschliche Würde als Mensch vertreten zu können.

Aus dieser Übung mag ein individuell gestaltetes Know-how werden, das deine Gesundheit rettet und dein Leben nachhaltig verbessert. Gleichzeitig kannst du eine hervorragende Intuition entwickeln, die du für pragmatische Anwendungen umsetzen kannst. Deine eigene Physikalität mit ihren unzähligen „Antennen" verleiht dir ein ständiges, unfehlbares Feedback.

Nun würde ich gerne den physischen Leib als Sprungbrett zur Manifestationsebene ansprechen. Die Körperlichkeit ist die Bedingung zur Erfahrung der Realität aber auch zur materiellen Gestaltung unseres Lebens. Mit den Händen „machen wir" und gewinnen Macht oder Power über Materie, Gegenstände und Ereignisse um uns herum. Der Körper ist unentbehrlich für die Umsetzung der Gedanken, der Ideale, der Vision in der Welt des Manifestierens. Dies beinhaltet physische Kraft und Ausdauer aber auch spezielle Talente, Fertigkeiten und Kreativität. Er fungiert als grobstofflicher Ausdruck der Seele, wofür er auch notwendig ist, um die menschliche Erfahrung auf der Erde und im Körper zu machen.

Kurz zusammengefasst ist ein gesunder und beweglicher Körper nicht nur imstande, vieles zu erschaffen, sondern auch Schönes zu erleben und zu genießen. Der kreative Energiefluss windet sich durch die materielle Wirklichkeit, wo er die tiefen Streben der Vision zum Ausdruck bringt.

FAZIT: Dein physischer Körper ist dein bester Freund. Er macht deine Erfahrung auf der Erde nicht nur möglich, sondern genüsslich, reichhaltig, erfahrungsreich. Je gesünder er ist, desto freier und im Fluss und sind die Erlebnisse, die du machst. Es liegt an dir, herauszufinden, was er mag, was ihm guttut, welche seine Rhythmen und Schwerpunkte sind. Er ist vollkommen einzigartig. Deshalb ist es deine Verantwortung, ihn kennen zu lernen und ihn so einfach, naturgetreu und achtsam zu pflegen. Dafür ist er im ständigen Dialog mit dir und gibt dir Rückmeldungen: Bitte horche auf ihn! Du bist dein eigener Experte!

TEIL 3: EMPFINDUNG UND EMOTION

Beobachten, benennen, anerkennen, konfrontieren
Frequenz erhöhen und Energie umwandeln.
Feedback: zufriedene Rückmeldung als Zeichen des spirituellen
Einklangs.

Den emotionellen Körper habe ich in meinem Buch GESUNDE ABGRENZUNG ausführlich beschrieben. Er ist wechselhaft, mag manchmal Drama und überträgt seine Zustände direkt auf den physischen Körper: Bluthochdruck, Gesichtsrötung, Impotenz und Frigidität, Verstummung, Hyperaktivität oder Erstarrung und weitere physiologische Reaktionen.

Alice Bailey beschreibt die emotionelle Ebene als das Schlachtfeld der Menschheit. Gefühle, Empfindungen, Triebe und Reaktionen treiben sich wuchtig in die menschliche Landschaft. Das Problem ist, dass Menschen nicht wissen, wie wertvoll sie sind, und wie sie am besten damit umgehen sollen.

Emotionen wie wir sie erleben, sind ausschließlich der Menschheit eigen. Wir werden von Wesen aus anderen Dimensionen dafür beneidet. Behauptet wird auch, dass es manche dieser Raubtiere sind, die sich von unseren negativen Emotionen ernähren würden. Fühlt sich das plausibel an? Schau dir die Nachrichten tagein, tagaus an!

Gefühle genauso wie Gedanken strahlen Frequenzen aus. Man lese das Buch von Dr. med. Dr. phil. David R. Hawkins, um das

Thema gründlich und höchst informativ zu erforschen. Er teilt emotionelle Schwingungen von Positiven bis zu Negativen ein. Der Mensch hat das große Geschenk erhalten, auswählen und Entscheidungen treffen zu können. Dies ist nicht nur ein Geschenk, sondern auch eine äußerst kraftvolle Wachstumsmöglichkeit durch die Ausübung des freien Willens. Meistens ist er sich dessen kaum bewusst.

Emotionen und Gefühle sind Teil eines hervorragenden Feedback-Systems. Sie zeigen dir am laufenden Band, wie sehr du im Einklang mit deiner höchsten Instanz bist oder nicht. Bist du eins mit dir, herrscht Zufriedenheit, Klarheit und Wohlbefinden in dir? Ist die Verbindung zur Seele beeinträchtigt, hast du mit Unruhe, Ressentiment, Wut, Zorn und neurotischen Neigungen zu tun. Sie entstehen aus der inneren Reibung, aus Konflikten und Verzerrung dem inneren Wesen gegenüber. Jede gefühlsmäßige Standortbestimmung liefert eine klare Rückmeldung. Einfacher geht es nicht. Aber der Mensch neigt dazu, die Emotionen zu verzerren, sie falsch zu deuten und sie zu verdrängen. Für eine kurze Zeit mag es gehen. Auf Dauer verursacht diese Strategie Disharmonien im Körper, in der Psyche sowie im täglichen Ablauf, z.B. als Ursache von Unfällen, Unglück, Verstrickungen sowie Verwirrung und ungünstigen Zufällen.

Bevor wir weitergehen, müssen wir den Mut entwickeln, unsere Emotionen anzuschauen und anzunehmen. Auch wenn sie uns nicht schmeicheln. Wahrhaftigkeit besteht darin, zu konfrontieren, was ist. Die persönliche Lage ist nicht schlechter oder besser als bei anderen Menschen: bitte nicht vergleichen oder sich darum herumreden, und Entschuldigungen, Gründe oder Lügen erzeugen. Es ist so wie es ist: wenn wir mit diesem Grundsatz etwas anfangen können, öffnen wir das Tor zu befreienden energetischen Prozessen. Ja, die Wahrheit befreit. Aber es kommt noch mehr hinzu: wir entdecken die Möglichkeit, die belastenden Gefühle zu transformieren - entweder durch Umwandlung oder durch Erhöhung deren Frequenz.

Die Quantenphysik besagt, dass alles Energie ist. Somit richten wir unsere Konzentration auf die emotionellen Energiemasse von einer höheren Perspektive aus einem allgemeinen umfangreichen Blickpunkt. Parallel dazu ist das Visualisieren des Zentrums der Diskokugel hilfreich, um die Übersicht über die Gefühlslage zu gewinnen. Die erste Auswirkung ist, dass wir nicht mehr so verwickelt sind und dass die Angelegenheit einen abstrakteren oder schematischen Charakter erhält. Durch den gewonnenen Abstand, erhalten wir mehr Klarheit Abstand, Objektivität und einen gerechten Blick dem Thema gegenüber. Das sind ermutigende Voraussetzungen. Gleichzeitig sind schädliche Reaktionen wie Angst, Scham und Schuld zum großen Teil gemildert, bevor sie sich dann gänzlich auflösen. Somit kommen wir zur Transformation.

ÜBUNG A: UMWANDLUNG DER NEGATIVITÄT

Eine negative Emotion fühlt sich öfters dunkel, fest, hart, schwer oder erdrückend an. Das Erste, was wir unternehmen, besteht darin, diese Eigenschaften zu lockern. Dafür bewegen wir unsere Hände in der Luft gerade vor uns, wo wir uns die gewählte emotionelle Energie vorstellen. Und dies mit der Absicht, die Schwere etwas leichter zu gestalten. Das Dunkle wird heller, das Feste geschmeidiger, die Härte wird weicher, die Schwere leichter und das Erdrückende fluffiger. Ja, fluffiger: es gibt keine bessere Beschreibung für diese Energie-Transformation. Jeder weiß instinktiv, wie das sich anfühlt: das ist ein wichtiger und aussagekräftiger Schritt für uns. Nämlich jener subjektive Zugang, der unmittelbar weiß, was ist und wie es sich anfühlt. Schrittweise und mit Pausen lockern und besänftigen wir die kompakten Empfindungen auf, damit wir besser damit umgehen können. Erstens erscheinen sie nicht mehr so bedrohlich. Zweitens sorgt diese Technik dafür, dass wir nicht im Strudel stecken bleiben. Häufig wird die Situation einem nicht mehr so wichtig vorkommen, vielleicht sogar ein wenig lächerlich - wenn wir noch ein wenig Humor aufbringen können. Dadurch sind wir imstande, bessere Lösungen, Handlungen und Veränderungen einzuleiten. Wir haben mehr Kraft für die Lernaufgabe oder für die nährenden und positiven Aspekte der Lage.

Die Umwandlungsarbeit darf mehrmals wiederholt werden bis zur Auflösung der Blockade oder bis sie uns nicht mehr tangiert.

Am besten gönnen wir uns immer wieder Pausen, um die Fortschritte nach und nach zu integrieren.

ÜBUNG B: ERHÖHUNG DER FREQUENZ

Weniger gefühlsmäßig aber schon mehr von Begrifflichkeit und Intellekt geprägt ist die 2. Methode. Wobei das Erspüren des energetischen Shifts weiterhin wichtig ist. Die Kunst der Selbst-Beobachtung dient hier dazu, zu verfolgen, wann die emotionelle Verfassung nach unten sinkt: Schwere, depressive Stimmung, Verstimmung, Ärger und weitere niedrige Emotionen. Auf keinen Fall solltest du längere Zeit in der ungünstigen Schwingung verweilen, nachdem du sie erkannt und benannt hast. Sie zu bemerken und zu deuten sind wesentlich, denn sie fungiert als Rückmeldung wie oben erklärt. Der Anteil in dir, der die Empfindung beobachtet, übernimmt die Führung, anstatt dem emotionellen Chaos ausgeliefert zu sein. Der innere Beobachter ist imstande, die Emotion präzise zu formulieren. Der genaue Ausdruck entsteht aus Mut, Klarheit und Ehrlichkeit sich selbst gegenüber. Auch wenn es für einen Augenblick weh tut. Das ist nur eine kurze Reaktion des Egos, das die Wahrheit zugeben muss. Die Selbstbeobachtung wird aber schnell belohnt. Denn bald gibt es eine Erleichterung in der Intensität des negativen Gefühls. Das ist aber erst der Anfang. Denn du hast gleich die Möglichkeit, dich für eine leichtere, hellere, positivere Emotion zu entscheiden. Nicht gleich „Friede, Freude, Eierkuchen"! Nein, so viel verlangen wir nicht. Aber einen Zustand, der sich schrittweise besser anfühlt, solltest du mühelos heraufbeschwören können. Bravo! Ein Lächeln mag auch noch helfen, denn Humor ist wie ein Gleitmittel: wo ein Stau herrscht, bringt Lachen oder gar Schmunzeln schon gleich ein wenig Sanftheit und Fluss. Erlebe diesen Augenblick ganz bewusst und sei dir dankbar für die heilsamen Wunder, die du gerade bewirkst. Dieser Shift unterstützt deine Selbstbestimmung und beeinflusst wiederum dein Selbstwertgefühl und deinen Sinn für Selbstverantwortung. Und die unmittelbare Belohnung heißt: Zufriedenheit, Entspannung und allgemeines Wohlbefinden.

Weitere Methoden lernen wir in unserem Workshop: „Aktiviere deinen inneren Heiler".

FAZIT: Anhand dessen, was hier durchleuchtet wurde, ist es ersichtlich, dass die Aktivierung der inneren Heilerin auf der emotionellen Ebene darin besteht, die eigene Stimmung, die Grundfärbung der Gefühlsebene zu stabilisieren und Schwankungen innerhalb eines gewissen Gleichgewichts aufrecht zu erhalten. Das heißt, dass eine optimistische, zuversichtliche Lebenseinstellung bewusst kultiviert wird, wie ein schöner Garten, der gesunde und starke Pflanzen hervorbringt, die das Herz immer wieder erfreuen. Parallel dazu kann man sich den Garten im Inneren vergegenwärtigen, der nährend, inspirierend und lösungsorientiert wirkt, wenn man sich für die innewohnende Geborgenheit und Stille empfänglich macht. Diese gezielt und ständig gepflegte Ausgeglichenheit fungiert gerade als Medizin, als Immunstärker, als wohltuende Lichtquelle in den Zellen und in der Aura. Ohne eine gewisse emotionelle Stabilität leidet auf Dauer die Psychoimmunologie.

TEIL 4: KOPFKINO UND MENTALES

Glaubensätze und falsches Denken
Klarheit, Wille uns Absicht
Psychoimmunologie
Herz und Hirn

Den ganzen Tag produzieren wir Gedanken - am laufenden Band sozusagen. Außer, wenn wir meditieren oder tagträumen. Nun geht es darum, die Qualität unserer Gedanken zu beobachten und auszusortieren.

Unsere mentale Aktivität und unsere Gefühlswelt sind sehr eng aufeinander abgestimmt. Die Erste beeinflusst die Zweite unmittelbar, auch wenn es uns manchmal schwer fällt zu unterscheiden, welche zuerst kommt, denn beide sind eng ineinander verwoben. Daher ist es nicht immer selbstverständlich, den Schlüsselgedanken zu identifizieren und zu objektivieren. Es mag sein, dass die mentale Vorstellung so tief in der Psyche begraben liegt, dass sie „übersehen" wird. Der Glaubenssatz „Es ist immer so." kann das Leben durch unbewusste Programmierung zur Hölle machen. Der Beobachter prägt die Wirklichkeit durch seine mentale/emotionelle Ausrichtung: ist diese freundlich und aufbauend, wird sie die Erfahrungen und deren Deutung positiv prägen. Man wird beispielsweise den Vorteil oder die guten Seiten der Situation hervorheben und etwas daraus lernen wollen. Oder man wird sich bemühen, das Beste daraus zu machen und dadurch zu wachsen und für die Erlebnisse dankbar zu sein. Diese Einstellung erschafft ein lebenswertes, von Sinn geprägtes Leben. Aus dieser Perspektive ist man froh, am Leben zu sein und findet das Sein genießbar als Mensch in der menschlichen Gemeinschaft. Umgekehrt kann man für sich und andere die Hölle auf Erde kreieren. Wir haben die Wahl. Die Ausübung des freien Willens ist der Motor der Seelenentwicklung innerhalb der irdischen Inkarnation. Sie äußert sich durch den persönlichen, gedanklichen Fokus und kann eine humane Welt im Einklang mit der Natur, mit anderen Naturreichen (den Tier-, Pflanzen- und Mineralreichen) und mit der Erde erschaffen.

Kopfkino mit wiederkehrenden Gedanken, Gedankenkarussell mit dem Abspielen von negativen Drehbüchern in der Vorstellung, sowie das Laufenlassen von unlogischen und unordentlichen Gedankengängen, bilden eine wirre Energie um das Haupt herum, die sich direkt auf die Gefühlsebene überträgt. Fühlen-Denken ist eine Einheit. Diese kraftvolle Kombination beeinflusst die körperliche Befindlichkeit und die Physiologie auf unterschiedliche Art und Weise. Meistens unbewusst und unmittelbar. Anbei einige physiologische Funktionen, die mit der psychischen Verfassung zusammen-hängen.

Das Nervensystem: die elektrischen Impulse der Nerven übertragen sich über das neurovegetative System auf Muskeln und Organe, denn wir sind elektrische Wesen.

Das endokrine System: es ist für Drüsen und Hormone sowie für das komplexe Zusammenspiel der Organe zuständig. Natürlich auch für die Laune: fröhlich mit Endorphinen, kämpferisch dank Adrenalin, lustvoll mit Östrogen und Testosteron, schlafbereit durch Melatonin - um einfache Beispiele zu liefern.

Das Immunsystem: es beherrscht die Bekämpfung von Infektionen, aber es prägt auch die psychische Widerstandsfähigkeit in Form von Regenerationspotential und Resilienz.

Das Wechselspiel zwischen den psychischen Prozessen und der körperlichen Befindlichkeit vom Gesichtsausdruck und Mimik bis zur körperlichen Haltung wie sie z. B. in der Physiognomik oder in der Psychosomatik gelehrt wird. Oder auch in den Einsichten der Schüßlersalz Antlitz Therapie.

Die Umgebung, die ich mir kreiere und mit der ich interagiere. Daraus wird es zum Traumleben oder zum Teufelskreis.

Diese kurze Beschreibung von Abläufen möge Einsichten verleihen in die Mechanismen des eigenen Lebens. Wenn wir tiefer in die Feinstofflichkeit hineinreichen wollen, überragen eigentlich die Aura zusammen mit den Chakren die physiologischen Phänomene. Die Physis ist das sichtbare Endprodukt der subtilen Einflüsse, des Unsichtbaren, wie Schwingung, Gedanke und Emotion.

Bewusster zu werden bedeutet Einsicht und Erkenntnis und die Lenkung der Absicht auf das Hauptziel, auf das Wesentliche oder auch auf die Grundprinzipien und Werte hinter der

Motivation und dem Lebensantrieb. Dazu gehören der Wille und die Bereitschaft, die Zügel in die Hand zu nehmen und die eigene Welt besser oder anders zu gestalten. Die Absicht ist die bewusste Lenkung der Aufmerksamkeit auf das erwünschte Ergebnis auf kreative Weise. Dabei wird als selbstverständlich festgelegt, dass das Ziel erreicht ist – ohne Zweifel. Mit ein wenig Übung kann es sich zum künstlerischen Genuss entfalten und somit Erfüllendes und Neues erschaffen.

Herz und Hirn bilden zusammen eine relativ neu entdeckte Kombination, deren Erforschung zum Anfang der 90er Jahre des 20. Jahrhundert zurückreicht. Neu für die Wissenschaft - aber nicht für die Mystik oder für die feinstoffliche Wahrnehmung. Vierzigtausend Zellen im Herzen sind identifiziert worden, die Hirnzellen ähneln. Jedoch befinden sie sich im Herzen und bilden dadurch die Herz-Intelligenz. Anders als das Gehirn ist das Herz eins in seiner Empfindung: diese speziellen Neuronen, Neuriten genannt, besitzen eine ganzheitliche Wahrnehmung im Gegensatz zum Kopf oder zur Vernunft. Das Gehirn ist in zwei Hemisphären getrennt und der Geist ist polar in seiner Ausrichtung: er schwankt zwischen sog. positiven und negativen sowie anderen polaren Begriffen: vorteilhaft-unvorteilhaft, warm-kalt, früh-spät usw. Das Herz-Chakra bezieht sich auf die Einheit und stellt das Zentrum des Wahrhaftigen dar. Gregg Bradon hat diese Entdeckung und deren Folgen bestens verbreitet.

ÜBUNG A:

Das Herz weiß, was stimmig und authentisch ist. Das Herz spendet die Herzensweisheit und öffnet den Weg zur einheitlichen Intelligenz. Der Einklang mit der Seele ist entweder vorhanden oder nicht: das ist die individuelle Wahrheit. Es ist keine „Zweierlei-Angelegenheit". Um diese ganzheitliche Weisheit zu erlangen, reicht es, zur Ruhe zu kommen und die Hand auf das Herz zu legen. Der geteilte, Hin-und-her schwankende Aspekt (Ego, Geist, Vernunft, Kopflastigkeit) beruhigt sich allmählich und lässt die Herz-Intelligenz vorreiten und zum Ausdruck kommen. Wiederum ist sie frei von der Ego-Spalterei: „Ja, aber...", Zweifel, Manipulation, Beeinflussung und andere Verwirrung oder Schwächung der Absicht. Während du deine Hand auf Dein Herz legst, erlangst du einen Zustand der Einheit und der Übereinstimmung mit deinem inneren Wesen. So erkennst du, was stimmig und authentisch ist. So entdeckt der Mensch, wer er ist und was er will – aus dem Herzen.

TEIL 5: DAS INNERE GÖTTLICHE UND DIE ÜBEREINSTIMMUNG MIT DER ESSENZ

Verantwortung für das Selbst: frei von Ego und Erwartung
Spiritualität und Mystik: frei, unsterblich und grenzenlos.
Vertrauen und Gnade
Glaube und unmittelbares Wissen: Intuition, Inspiration und höhere Führung.

Jetzt haben wir die höheren Chakren, die spirituellen Dimensionen und Schichten der Aura erreicht. Dort befindet sich die Sinnfrage der Existenz und im Besonderen der gegenwärtigen Inkarnation. Entweder herrscht eine freundliche Weltanschauung, in der sich der Mensch von einer höheren Kraft getragen und genährt fühlt und von wohlwollenden Wesen umgeben ist. Da ist der Mensch im großen Ganzen eingebettet, lernfähig und kreativ. Somit trägt er zum Höchsten Wohl bei und steht in der senkrechten Verbindung zwischen Himmel und Erde und in der waagerechten Kommunikation mit seinem Umfeld auf Augenhöhe mit ihm in Kontakt. Dieser Erdbewohner ist für sein Leben dankbar, optimistisch und zuversichtlich. Durch seine gesunde Einstellung zieht er positive Ereignisse an oder Situationen, woraus er imstande ist, aufbauende Aspekte hervorzuheben und daraus zu lernen. Er fühlt sich wohl in seiner Seele. Seine Entwicklung ist im Einklang mit seiner Seelenbestimmung.

Oder umgekehrt ist die Auffassung eher feindlich, pessimistisch und aussichtslos. Die pessimistische Weltanschauung prägt die Erfahrungen, die gesammelt werden. Eine Person, die diese negativ-gefärbte Betrachtung pflegt, neigt zu Ängstlichkeit manchmal bis zu Paranoia und begegnet unbequemen Menschen und Lebenslagen. Durch ihre Konzentration auf negative Erlebnisse und deren Verläufe, durch schreckliche Drehbücher und Programmierungen, die sie sich im Kopf von morgens bis abends abspielt, wirkt diese unvorteilhaft geprägte Weltanschauung wie ein Magnet für ungünstige, krankmachende und hoffnungslose Beziehungen und Zufälle. Ihr Immunsystem und ihre gesamten Abwehrkräfte wie Resilienz, Regenerationsvermögen und Verarbeitung der Erlebnisse sind beeinträchtigt und vielleicht vermindert. Sie hält gerne fest an ihren Verletzungen, an ihrem beleidigt-Sein, an ihrer Opferrolle. Sie begegnet vielem mit Angst, sie hat den Eindruck, dass sie sich ständig schützen soll und rechnet ständig mit dem Schlimmsten. Wenn es dann eintritt, ist ihr Ego stolz darüber, dass sie „recht" hatte. „Ich habe es dir gesagt", „Ich wusste es". Ihr Tunnelblick und ihre pessimistischen Erwartungen färben und verzerren alles, so dass das Leben zum Leidenstal wird. Eine Reihe von Malheurs entfalten sich in ihrem Leben und ihre Anbetung des Leidens setzt sich fort mit der fatalistischen Überzeugung: „So ist das Leben".

Auf den inneren Heiler wirken sich diese zwei entgegengesetzten Einstellungen entweder förderlich oder bremsend aus. Der Schwarzmaler wird seine eigene Regenerationskraft sogar verneinen oder „nicht daran glauben". Sein Blick in die Zukunft ist betrübt und auf Misserfolg ausgerichtet. Seine mentalen Erwartungen prägen seine Realität mit Unruhe, Abneigung, Verschlossenheit, sturen, negativen Glaubensätzen, wie „Es war immer so", „Es ist halt so" und Ablehnung der Wahrheit. Das Beobachtete wird beeinflusst durch den Beobachter und dessen Erwartungen. Dadurch zieht er wiederum Erlebnisse an, auf die er seine mentale und emotionelle Ladung lenkt. Das Ergebnis ist der Spiegel seiner Überzeugungen, seiner unbewussten Befürchtungen und seiner anderen negativen inneren Bilder. Wie wir erfahren haben, bildet die Kombination zwischen Gedanken und Emotionen eine unmittelbare Einheit, die die Physis prägt und formt. Dieser Einfluss auf die Zellen entspricht dem Prozess der Somatisierung innerhalb der Psychosomatik. Auf diese Weise wird die Krankheitsanfälligkeit größer und das Genesungsvermögen umso schwächer.

Das Terrain wird durch diese Hintergründe aufgebaut und vorbereitet: deshalb bin ich ins Detail auf diese gegensätzlichen Einstellungen eingegangen. Das Milieu tritt in Resonanz: entweder mit einem beeinträchtigten Organismus oder es fördert eine kraftvolle Immunreaktion mit einem milderen Verlauf. Viren, Bakterien, Pilze und andere Parasiten sowie das Mikrobiom finden im Körper entweder einen sauren (krankheitsfördernden) oder einen basischen Boden (gesundheitsfördernd). Der große Antoine Béchamp - Chemiker, Mediziner und Pharmazeut 1816 – 1908 - hat das

Milieu wissenschaftlich untersucht und mit seinem Wissen sehr viele Menschen vor tödlichen Krankheiten gerettet.

Eigentlich sind die Gesetzmäßigkeiten einfach nachvollziehbar.

Deren Umsetzung stellt eine lebenslange, natürliche Arbeit an sich dar, wobei alle Ebenen mit einbezogen werden: Körper, Emotionen, Psyche, Spirit, Energetik und das Umfeld (Mitmenschen und die sog. Realität mit den Ereignissen, die Teil unseres Lebens sind).

Im weiteren Sinne können wir vielleicht das Milieu so definieren, dass es das Ergebnis unserer Veranlagung ist und was wir daraus machen: Eine Interaktion zwischen Genetik und Epigenetik, Mitgebrachtes und bewusst angestrebte Entwicklungen sowie eine Schnittstelle zwischen dem eigenen Universum und seiner Resonanz mit dem Umfeld. Das „Terrain" ist ein anderer Begriff dafür. Er verhält sich wie ein Magnet und resoniert mit Begebenheiten, die sich auf ähnlichen Frequenzen befinden. Wenn es stimmig ist, entsteht Übereinstimmung zwischen der inneren und der äußeren Welt. So fühlst du dich wohl auf allen Ebenen und du bist erfüllt. Denn dein Leben ist, wie es sein soll. Das sind die Leute, die angeblich „nichts zu erzählen haben" bzw. sie haben nichts, worüber sie zu klagen brauchen.

Um diesen Zustand zu erreichen, wirst du an deinen Themen arbeiten. Dabei entdeckst du, dass du die wichtigste Person deines Lebens bist. Ja, dein Wohlergehen, die Erfüllung deiner Prioritäten und die Pflege deiner Lebensführung, indem du dir stets treu bleibst, sind Teil des Schlüssels. Erst dann kannst du anderen wirklich helfen, ohne deine Kräfte zu verschwenden oder den Mitmenschen die Kraft zu entziehen. Unter Umständen bist du so zentriert und in dir ruhend, dass du wenig tun oder sagen musst, um eine positive Wirkung auf dein Umfeld auszuüben. Deine energetische Ausstrahlung überträgt sich auf dein Umfeld und interagiert durch deine Wahrnehmung damit.

Würde sich jeder um die eigene Schwingungserhöhung kümmern, würden wir im Nu eine riesige Transformation der Menschheit erleben. Die Leute hätten keine Zeit, um sich in die privaten Angelegenheiten anderer einzumischen. Der Frequenzwechsel würde sich tatsächlich in kurzer Zeit bemerkbar machen. Weniger Streit und mehr Mitgefühl könnten gleich in Solidarität, Rücksicht, Helfen, Mitmachen, Freundschaft, Herzqualität, Freude, Heilung, Erkenntnisse, Ausgleich, Frieden usw. umgesetzt werden. Indem deine eigene Ausstrahlung harmonischer ist, strahlt dein lichtvoller Beitrag in die Welt hinaus. Einfacher geht es nicht: es kostet keine Kraft, kein Geld, keine Politik, keine Regeln. Nur deine bewusste Ausrichtung auf deine innere Einheit. Da du ein Teilaspekt der universellen Gesamtheit bist, findest du deinen Platz im großen Puzzle. Je mehr Leute ihre persönliche Vibration pflegen, desto leichter erkennt der Mensch seine Aufgabe. Jedes Mal, wenn wir ein Bewusstseinstürchen aufmachen, bereiten wir den Weg für diejenigen vor, die nachkommen.

Schon in der Kindheit habe ich diese geniale Einfachheit bewundert. So polt die göttliche Klarheit das Ego und die negativen Kräfte um, denn sie bekommen keine Nahrung mehr in Form von Fixation sowie von verzerrten und belasteten Energien und Emotionen. Aus dem einzigen Grund, dass es allen immer besser geht. Irgendwann können die Menschen ihre wiederkehrenden Traumata ablegen und sich mit ihrem wahren Potential auseinandersetzen. Stell dir vor, dass immer mehr Leute - bei sich anfangend - sich dieses Ziel vornehmen würden!

Darüber hinaus fangen alle friedvollen, natürlichen, nährenden und gesunden Wellenlängen an sich zu bündeln, was exponentiell wirkt auf das Wohlergehen der Menschheit und auf alle anderen Wesen auf der Erde sowie auf anderen Planeten. Weitere Wesen im Kosmos heißen auch diese Schwingungserhöhung willkommen. Somit kann jeder von uns zum großen Ganzen beitragen, indem er sich dem Einklang mit seiner höheren Instanz widmet. Es schließt nicht aus, dass wir auch mutig nach außen gehen und dort aktiv unser Anliegen vertreten. Im Gegenteil gehört es dazu: beide Ausdrucksmethoden ergänzen sich – von innen nach außen.

Aber der Anfang liegt bei dir: Du mit dir - in der Verinnerlichung. Wenn du dann bereit bist nach außen mit Gleichschwingenden aufzutreten, ist die optimale Situation erreicht. Sowohl für dich als auch für die anderen. Und wenn du in dieser Lage verweilst, wo jeder sich selbst treu bleibt und doch mit der

Gemeinsamkeit mitschwingt und sie bereichert, entsteht ein reifer und hochwertiger gesellschaftlicher Austausch.

Immer wieder dürfen wir uns an unsere Essenz erinnern. An die innewohnende Freiheit der Seele, an unseren unsterblichen und grenzenlosen Wesensanteil. Denn genau DAS sind wir im Kern. Wenn der Mensch imstande ist, sich mit seinem Ursprung zu identifizieren, ist er tatsächlich die einzige Entität, die über die bewusste Fähigkeit verfügt, Energie umzuwandeln und zu erhöhen. Wir sind Alltags-Alchemisten, wenn wir zu unserer wahren Essenz aufwachen.

Anstatt sich selbst, andere und Ereignisse zu beurteilen und negativ zu belasten, würdest du deinen Fokus auf das Wesentliche und auf ihre Grundmotivation steuern. Anstatt deine Energie zu verschwenden und dich mit oberflächlichen, belanglosen Einzelheiten abzulenken, würdest du unmittelbar eine höhere Bewusstseinsebene durch deine geistige Ausrichtung erlangen. Dadurch steigert sich deine mentale und allgemeine Kraft und gleichzeitig öffnest du förderliche, menschliche und harmonische Lösungen und Veränderungen in allen Bereichen. Zuerst muss man fähig sein, die gute Seite oder das innewohnende Potential in jeder Situation wahrzunehmen. Manchmal ist es notwendig, die erste negative oder ängstliche Reaktion zu zähmen, um einen besonderen kreativen Blick auf die gegenwärtige Lage zu werfen. Was - offen gestanden - nicht immer offensichtlich ist.

Eine andere Folge dieser Einstellung ist die Stärkung der Unterscheidungsfähigkeit, zusammen mit der Entscheidungsfreiheit. Somit motivieren wir unseren inneren Beobachter, damit er seinen Fokus auf das Förderliche und das Weise aufrechterhält.

Das Urvertrauen ist die Basis aller Interaktionen. D. h. wir werden ständig vom Universum aufgefordert, einen Vorschuss an Zuversicht als Grundhaltung in jeden menschlichen Austausch, sowie in unserer Beziehung zur höheren Instanz zu leisten. Das hängt mit der Grundeinstellung zusammen: freundliche oder feindliche Lebensbetrachtung wie oben erklärt. Ziemlich einfach, nicht wahr? Die Konsequenz: das Grundvertrauen ist weder auf das Selbst noch auf das genaue, kurzfristige Ergebnis fixiert. Im Gegenteil: es ist großzügig, offen und lebt in dem Wissen, dass wir bekommen, was uns zusteht, dass die Möglichkeiten unzählig sind und dass alles ist, wie es sein soll unter den gegebenen Umständen. Nein, es ist kein Fatalismus, sondern ein Durchschauen-Können, dass größere Zusammenhänge gemäß dem Gesetz der Resonanz am Werk sind. Somit sind die Spielregeln relativ einfach, auch wenn sie immer wieder eine Herausforderung darstellen können. Dann leben wir in der Gegenwart und lassen die Energie fließen, wo sie sich durch das Mitschwingen hingezogen fühlt. Herrscht die optimale Resonanz, empfangen wir Gnade und Glück, wobei alles stimmig ist: am richtigen Ort zur richtigen Zeit, mit den richtigen Leuten.

Der Glaube ist der Leim, der das Vertrauen zusammen mit der gezielten Erwartung kombiniert. Der Glaube ist der Katalysator, der die Teile des eigenen Weltbildes zusammenfügt: Fügung und Führung drücken sich aus durch intuitive Einfälle und Empfindungen, durch die innere Stimme, durch sinnvolle Zufälle. Dafür muss man hineinhorchen, ein wenig zu Ruhe kommen, still beobachten und dann konsequent mit Begeisterung handeln. Versuch es mit einfachen, täglichen Dingen am Anfang. Mit der Zeit kannst du diese Prinzipien verfeinern und sie bei komplexeren Entschlüssen mit einbeziehen.

FAZIT: Die spirituelle, geistige Wahrnehmung des Selbst und deren Platz im großen Ganzen überträgt sich unmittelbar auf die anderen Ebenen: mentale/psychische, energetische, emotionale/gefühlsmäßige sowie auf die physischen Schichten, was wiederum vom Umfeld und von den Ereignissen widergespiegelt wird. Überlege dir, welche Verbindung du zu deiner individuellen Seele und zu deiner höheren Instanz (Alles was ist) pflegst. Anders gesagt ist diese Beziehung zum göttlichen Anteil unser intimstes Verhältnis. Du spielst einige Jahrzehnte mit Sinnen, Körper, Gefühlen und Gedanken auf der irdischen Bühne, um deinen persönlichen Ausdruck zum großen Ganzen beizutragen. Wie willst du deine Lebensgeschichte gestalten, damit sie lebenswert ist und gleichzeitig ein ehrenwerter Obolus zur Weltseele wird? Zum Beispiel: ein langes, gutes Leben, wie es sein sollte (im Einklang mit deinem wahren Selbst) und wo alles vorhanden ist, was du brauchst?

ÜBUNG A:

Die Selbstverantwortung und der Individuationsprozess sind an diesem Stadium so fortgeschritten, dass es nicht mehr geeignet ist Vorschläge zu machen. Jedoch würde ich dir empfehlen, 1 oder 2 Begriffe aus den 2 letzten Absätzen herauszuholen und sie dir im Laufe des Tages immer wieder bewusst zu machen. Z. B. Glaube, Vertrauen, Katalysator, Weltbild, Führung, Fügung usw. Was bedeutet dieses Wort für dich? Wie lebst du es? Wie drückst du es in deinem Leben aus? Z. B. dein Vertrauen. Wie sieht jetzt dein Weltbild aus? Wie hat es früher ausgesehen?

Noch eine Stufe höher: Du nimmst diesen Begriff mit in die Meditation und betrachtest seine Bedeutungen und womit du ihn verbindest (Assoziationen) in einer Samen-Meditation.

Die Übung kannst du vervollständigen, indem du die ausgewählte Vokabel in eine der unterschiedlichen Dimensionen applizierst auf die materielle oder emotionelle oder spirituelle Ebene. Wie würde dein Vertrauen in der materiellen Welt aussehen? Wie drückt sich dein Vertrauen im emotionellen Bereich aus? Im spirituellen Sinne?

Nimm dir die Freiheit, ganz individuelle Varianten dieser Übung zu entwickeln. Sie werden dir gut nützen.

Teil 6: ENERGETIK

Empiristische Werte und Grundprinzipien
Individualität: Resonanz und Inkompatibilität
Ich bin meine persönliche Expertin
Selbst-Hilfe und Selbst-Test: energetische Methoden und
Radiästhesie

Die Energetik kann ich nicht auslassen, denn sie ergänzt auf bildhafte und gelebte Weise die 4 erwähnten Ebenen. Das Fühlen/Denken und die Vorstellungskraft lenken den Energiefluss auf den erwünschten Zustand - im Inneren aber auch im Alltag. Die innere Führung oder die aufbauende, kreative Qualität und das Wahrhaftige sind der Treibstoff. Das Gegenteil zeichnet sich aus durch schwächende Blockaden, Verwirrung und Täuschung sowie Elemente, die destabilisierend oder verunsichernd wirken.

ÜBUNG A:

Was überwiegt gerade in deinem Leben? Nimm deinen Bezug zum Göttlichen im Inneren oder deine Gedankengänge unter die Lupe. Was sendest du aus im Allgemeinen? Was strahlst du in die Welt hinaus? Gerne kannst du auch umgekehrt die Energie verfolgen: vom Physischen zum Spirituellen. Die körperliche und die emotionelle Verfassung sowie die

Lebensumstände spiegeln die innere Ordnung oder Unordnung wider.

In welchen Anteilen sind sie in deinem Alltagsleben eingeteilt? Wie viel Ordnung herrscht in deiner Existenz? Nicht nach äußerlichen Maßstäben, sondern durch deine unmittelbare Empfindung: ich fühle mich wohl in meinem Leben, in meinem Körper, in meiner Seele und in meinem Geiste, weil ich weiß, welche Realität ich kreieren will und was ich anziehe. Kannst du dich bejahen, wenn du dir im Spiegel in die Augen schaust? Vermagst du es, deinen Blick einen Moment auszuhalten? Ist dein Gewissen rein und stimmig für dich? Dann hast du Zufriedenheit erreicht, was eine hohe Frequenz anzeigt. Ich gratuliere dir und danke dir für deinen harmonischen Beitrag zum Ganzen.

Sollte es nicht der Fall sein, sei froh dafür, dass die Verwirrung oder die Unstimmigkeit dir zeigen, wo die Harmonisierung noch ansteht. Nimm das als momentane Führung und sei dankbar dafür. Sie hilft dir und dem Universum ein größeres Gleichgewicht zu erlangen. Aber entspanne dich, denn das Spiel geht immer weiter: es gibt also keinen Druck, sondern nur einen Fluss in die richtige Richtung, durch den du immer wieder in den Einklang kommst. Bis die stimmigen Momente immer länger werden und die Disharmonien praktisch verschwinden. Dann kannst du sagen: ich bin eins mit mir.

Wenn der Einklang mit deinem wahren Selbst dein Maßstab ist, wird die Übereinstimmung allmählich stabiler und Teil deines normalen Lebens. Alles andere ist davon abhängig. Aber du bist weiterhin dafür zuständig, diesen hohen Anspruch aufrechtzuerhalten, sonst verlierst du das Momentum. Das bedeutet, dass du die Frequenz dauerhaft so hochhältst, wie möglich. Es gibt kein allgemeines Rezept, denn der individuelle Impetus kommt von innen. Du hast deine persönlichen Werte und Grundprinzipien: sie zeigen dir deinen eigenen Weg in Übereinstimmung mit deinem Gewissen und deinen eigenen Werten.

Natürlich entstehen moralische und ethische Entscheidungen nicht über Nacht. Sie stellen eine große Verantwortung dar: umso mehr, weil sie von Ablenkung, Obrigkeitshörigkeit, Irreführung, Oberflächlichkeit, angsterzeugenden Maßnahmen und Narrativen sowie Verunsicherung herausgefordert werden. Was ist richtig, stimmig für mich? Der Mensch ist sich so selbstentfremdet, dass er das nicht mehr weiß oder spürt – und versucht, die Verantwortung zu meiden. Das Ergebnis ist Folgsamkeit, Gehorsam, Feigheit, Mitlaufen. Früher oder später – unabhängig wie gut die Ausreden klingen – entstehen innere Konflikte. Auf Dauer wird die innere Gespaltenheit unerträglich. Du wählst zwischen: „Ich stehe zu mir", „Ich bin eins mit mir", „Ich habe ein reines Gewissen" oder „Ich bin zerrissen", „Ich kann mir nicht in die Augen schauen" zusammen mit den Folgen wie Ignoranz, Verdrängen, sich verstecken, Scham- und Schuld-Thematiken.

Empiristische Methoden durch Beobachtung sind sinnvoll, um herauszufinden, was für einen selbst stimmig, passend, gesund, erhebend ist. Z.B.: „Ich weiß, dass mir dieses Naturmittel immer hilft in dieser Lage". Die Resonanz oder - im Gegensatz - die Inkompatibilität sind spürbar oder sogar messbar. Tagebuchführung kann hilfreich sein. Es kann sein, dass die Ergebnisse mit der Zeit überholt sind, daher gilt es anpassungsfähig zu sein: mein Körper reagiert anders als vor 20 Jahren, meine Seele braucht etwas anderes, mein Geist will stets Neues entdecken. Leute empfehlen gerne allerlei Dinge. Geht mein System jedoch nicht in Resonanz mit der angebotenen Lösung, mit dem Hausmittel oder mit dem Rezept, ist der gut-gemeinte Vorschlag wirkungslos und könnte sogar schädlich sein.

Dafür habe ich eine Reihe von Methoden aus traditionellen erprobten Praktiken oder aus wenig bekannten Quellen herausgearbeitet und zusammengetragen. Am besten wird das Wissen in Einzelunterricht weitergegeben. Es geht auch in einer kleinen Gruppe, abhängig wie tiefsinnig oder spirituell das Ziel und das angestrebte Level sind. Diese Lerneinheiten sind individuell angepasst und beinhalten intuitive, energetische und / oder radiästhetische (Pendel oder Tensor) Arbeit aber auch praktische Übungen mit der Kraft der Hände und Finger. Somit haben wir zuverlässige Techniken, um energetische Ergebnisse in allen privaten Bereichen zu erlangen. Das sind „Hilfen zur Selbsthilfe", um ins Reine mit der eigenen Seele zu kommen. Wenn sie einmal verinnerlicht sind, stehen sie einem immer und überall zu Verfügung. Zusammen mit dem inneren Heiler entwickeln wir genaue Protokolle und methodologische

Vorgehensweisen, die leicht erlernbar sind, jedoch regelmäßige Übung benötigen.

Somit werden wir zum individuellen, eigenen Führer und Heiler. Wir üben selbst-Verantwortung aus und praktizieren das Wissen, das aus dem inneren stammt und für sich selbst umgesetzt wird. Denn keiner kennt sich besser aus über mich als ich selbst. Die Freiheit wird durch die eigene Selbstständigkeit und die Selbstbestimmung festgelegt. Ich bin meine eigene Expertin. Nur meine höhere Instanz steht über mir: sie ist mein Maßstab, mein Leuchtturm aber auch mein Monitor und Kompass. Und nicht nur aus einer vagen Intuition heraus, sondern aus dem innersten wahrhaftigen Kern. Der Weg eines jeden Individuums zu sich selbst oder im Einklang mit sich selber zu sein, ist eine rein Individuelle Angelegenheit, für die jeder zuständig ist.

Wenn wir unseren Körper am Ende dieser Inkarnation verlassen und deren Inhalt abwägen, gewinnen wir Einblicke in den gesamten Verlauf inklusiv unserer Motivationen und Prioritäten. Da nützt es nicht, zu sagen: „Alle haben das getan oder gesagt", „Sie wollten, dass ich mich so verhalte, das tue...", usw. Vielleicht musst du dich damit konfrontieren, dass du öfters deine Verantwortung samt Unterscheidungsfähigkeit an andere abgegeben hast. Du hast das zugelassen oder andere ermächtigt, sich in deine Entfaltung einzumischen. Das spricht gegen deine Integrität und die Selbstbestimmung deiner Seele.

Öfters vergisst der Mensch, dass sein Leben ein ganz besonderes Geschenk ist und dass es darum geht, diese Existenz mit Achtsamkeit und Verantwortung zu leben. Der Mensch lässt sich durch Ablenkungen (Oberflächlichkeit, übermäßige Bequemlichkeit, Nachrichten, Lügen und Aberglaube) aber auch durch bestimmte Substanzen (pharmazeutische und andere Drogen, Nahrungsmittel, belastetes Wasser, nicht förderliche Gewohnheiten, Illusionen) in die Irre führen, abseits seines echten Weges.

Anstatt sein unmittelbares Gefühl, seine Intuition und seine Unterscheidungsfähigkeit zu verwenden, lässt er alles mit sich machen. Sloane Bella, ein hervorragendes amerikanisches Medium behauptet, es herrsche ein spiritueller Krieg - und sie hat recht. Sie weiß, wovon sie redet, denn sie besitzt eine außerordentlich geprägte und zuverlässige Wahrnehmung des Unsichtbaren. Wir besitzen alles, was nötig ist, um durch das innere Horchen, durch Inspiration, Bauchgefühl und Intelligenz das Wahre vom Falschen zu unterscheiden. Entitäten, die auf das Leiden der Menschheit erpicht sind, wirken im Verborgenen. Sie täuschen und manipulieren, erzeugen Angst, Verwirrung und Unsicherheit. Deshalb ist es unentbehrlich, die eigene Wahrnehmung zu schärfen und auszuüben. Es liegt an uns, diese Fähigkeiten anzuregen, zu entwickeln und zu pflegen. Denn wir sind in eine bequeme, hypnotische Verdummung gesunken. Gerade da liegt die große Chance der Menschheit: endlich Mensch zu werden. Auf unvermeidliche Weise wird sie jedoch zu ihrer inneren Göttlichkeit erwachen, sie im Alltag ausleben und umsetzen. Der Prozess entfaltet sich.

Er steht unter dem höchsten Licht, denn davon hängt die Zukunft der Menschheit auf Erden und ihres Platzes unter anderen kosmischen Völkern ab. Die Heilung, die Erneuerung im großen Stil ist unterwegs, und zwar auf allen Ebenen des Wesens. Sie liegt in unseren eigenen Händen und vor allem in unserer Verantwortung. Der göttliche Mensch ist dabei, sich selber zu gebären unter der Führung und der Geborgenheit des ganzen Universums.

Wie wir an und über uns denken, wie wir uns betrachten, legt den Ausgangspunkt unseres Platzes, unseres Beitrags, unserer Entwicklung im großen göttlichen Puzzle dar. Als göttliches Wesen weiß ich, dass ich alles in mir trage, was ich brauche. Wenn ich weiß, wer ich bin und mich als unendliche und unsterbliche Entität wahrnehme, fließe ich mit dem Fluss meines Lebens: ich lebe mein Leben, nicht dasjenige anderer Menschen. Wenn ich überzeugt bin, dass sich alles für mich gut entwickelt, bin ich zuversichtlich und ziehe auch Lösungen und Gelegenheiten an, die Vorboten einer erfüllenden Entwicklung bringen. Nun ist es unentbehrlich, den Begriff des Prozesses mit einzubeziehen: Dinge entfalten sich ständig und nach und nach, allmählich, nicht blitzartig. Auch wenn etwas plötzlich zu geschehen scheint, sind vorherige Ereignisse und Zusammenhänge auch einzuschließen. Die sogenannte Wirklichkeit ist nur das Endprodukt oder das sichtbare Ergebnis von inneren, verborgenen oder sich auf anderen Ebenen (der Astralwelt) entfaltenden Prozessen. Alles fließt ineinander und miteinander in einem riesigen kosmischen Tanz.

Im universellen Rahmen finden große Umwälzungen statt: dort herrschen zahlreiche Möglichkeiten und es steht noch keine endgültige Variante fest. Denn diese hängt von DIR ab. Zwar nicht nur von dir, sondern von allen individuellen Wesen, die Licht in sich tragen. Und vor allem davon, wie und wie viel sie ihre eigene Leuchtkraft zum Strahlen bringen. Grundsätzlich alles, was am Leben ist, trägt Licht in sich, und IST Licht an und für sich. Siehst du, du bist nie allein.

Daher kannst du dich jederzeit auf das Lebendige, auf das Gesunde konzentrieren: im Kleinen, in deinem Mikrokosmos sowie im Großen, im Makrokosmos. Prozesse sind eigenen Rhythmen unterworfen und bewegen sich auf und ab und hin und her: mal gut, mal schlecht, abhängig davon, wie wir die Bewegung werten und empfinden. Anstatt in der unteren Kurve stecken zu bleiben, lass dich vom Strom weiter hinauftragen und heiße die hohe Welle willkommen – ab sofort. Das ist Hingabe. Hingabe ist nur möglich, wenn du dem Flow vertraust, den du als notwendige Veränderung verinnerlicht hast, die den Evolutionsgesetzmäßigkeiten entspricht. Offengestanden ist es notwendig eine höhere Warte, einen reiferen Standpunkt anzunehmen. Es beinhaltet die Fähigkeit im Hier und Jetzt, den passenden, aktuellen Schritt zu machen, und nicht unbedingt auf die sofortige Befriedigung deiner Bedürfnisse und deines Egos abzuzielen. Das ist die Übung, die dir wiederholt eine tiefe Erfüllung verleiht und mit Stimmigkeit deinen Werdegang prägt. Das Heile überwiegt das Pathologische: Ersteres ist immer vorhanden, überall wo das Leben pulsiert und bebt. Auch die kleinste Menge genügt: sobald der Blick, die

Aufmerksamkeit sich auf das vorhandene hoffnungsvolle Potential richtet, erhöht sich die Schwingung. Der Mensch/die Lage/die Entwicklung vibriert dann auf einer steigenden Frequenz. Ab diesem Punkt wird die Heilung angeregt, die Regeneration und die Evolution angestoßen. Viel Energie wird produziert, um das Gleichgewicht wieder zu finden und aufrecht zu erhalten.

Es wäre gut, wenn die Medizin dieses Prinzip beherzigen würde, wenn die Menschen ihre Aufmerksamkeit auf das Lebendige, auf das Hoffnungsvolle und das Heile lenken würden. Ich bekomme, was ich erwarte. Das fördern wir nicht nur im Kopf und durch schönes Gerede, sondern auch aus der Tiefe des Wesens bis zum Überbewusstsein.

Deine Erwartungen zu definieren und festzulegen für dich als Teil der Menschheit, wirkt selbstermächtigend (empowering), befreiend und durchaus förderlich. Alle Empfindungen werden gestärkt: Hormone (Endorphine, Serotonin) werden ausgeschüttet, die wiederum glücklich und zuversichtlich machen. Vertrauen und positive Wahrnehmungen von und Erwartungen an unsere Mitmenschen werden das Beste aus ihnen hervorholen. Die paar Enttäuschungen können wir verkraften. Wir erfüllen auch nicht immer die Wünsche anderer. Der Fokus auf die höchsten Prinzipien und die Evolution der Seele verleihen uns den Antrieb für unsere Handlungen, unsere Motivationen und für die Harmonie, die daraus entsteht.

Fazit: Der spirituelle Aspekt ist die größte Kraft, die alles andere beeinflusst. Wird sie komplett verneint, fällt es einem schwer, die innere Gelassenheit zu erlangen, die für das Gleichgewicht und die Zufriedenheit notwendig ist. Auch wenn das Licht alle Ebenen durchdringt, ist jede Schicht des Organismus für seine eigene Balance zuständig. Die körperliche Ordnung (Gesundheit) spiegelt die Ordnung im Kosmos wider, Gefühle sind Ausdruck des Bewusstseins und Gedanken der Funkenstrahl vom Geiste hindurch zur Wirklichkeit, die wir erschaffen und jeden Tag erleben. Womit wir uns umgeben, ist das Ergebnis und der Spiegel unseres Verhältnisses zur ewigen und unauslöschlichen göttlichen Präsenz im Inneren. Ob wir es wissen oder nicht.

TEIL 7: ERKENNTNISSE UND EINSICHTEN

Nun haben wir zuerst den physischen Körper durchgenommen bis hin zum Geist. Jedoch in der Wirklichkeit entsteht zuerst das Feinstoffliche, die Absicht der Seele. Im inkarnierten Zustand ist das Unsichtbare der Anteil, der unsere Entwicklung und unser Wohlergehen bestimmt. Die geschieht wiederum durch Gedanken (auch unbewusste) und durch unsere Lebenseinstellung, sowie durch den Umgang mit unserer Gesundheit und unserer Interaktion mit unserem Umfeld.

Das Leben ist heilig. Um zu dieser Erkenntnis zu kommen, benötigt es keine Institution und kein Dogma. Lediglich Beobachtungsgabe und ein wenig Selbstrespekt zusammen mit Achtsamkeit und der Bereitschaft zu pflegen, was man in die Wiege gelegt bekam. In der Hoffnung, dass dieses Büchlein leichter zu lesen ist, habe ich absichtlich nicht die tieferen und verborgenen Zusammenhänge behandelt. Es ist als praktischer Impuls gemeint, damit der Einzelne seinem Wesen mit mehr Achtsamkeit und Wertschätzung begegnet. Gesundheit, natürliche Schönheit, Fröhlichkeit, ein gutes Selbstwertgefühl, ein klarer Kopf, ein scharfer Intellekt, Liebe und Achtung für sich und seinen Mitmenschen sind ein Geschenk der Existenz. Wir haben uns zu sehr an unwürdige Umstände gewöhnt – weniger in den reichen Ländern, jedoch herrscht dort hauptsächlich Materialismus und manche pflegen ihren Besitz mehr als ihren Geist, ihre Emotionen oder ihren Körper. Die überlässt man dem Psychiater, dem Psychologen und dem Arzt. Die Medizin und alle Heilberufe sind unentbehrlich, denn die Menschheit ist so traumatisiert und von ihrer spirituellen Verbindung getrennt, dass sie ihre Dienste weiter benötigen wird. Außerdem ist Krankheit zu einem bestimmten Grad ein Teil unserer Erfahrung. Harmonisierung, Behandlung und Pflege sind da, um uns wieder ins Gleichgewicht zu bringen. Wäre es nicht klüger, die natürlichen Regenerationskräfte anzuerkennen und sie in den Heilungsprozess mit einzubeziehen? Mit diesen ungeheuren Kräften der Selbsterneuerung zusammen zu wirken, indem man die individuellen Reaktionen besser kennt und immer zuerst Methoden verwendet, die das selbstregenerative Potential ankurbeln und unterstützen wie Akupunktur, Homöopathie, Massage, Radionik und weitere. Natürlich wird auch die Medizin ihre Rolle spielen, jedoch nicht, um mit Kanonen auf Spatzen zu schießen, denn danach ist es tatsächlich schwierig die Spatzen wieder zu flicken, nicht wahr? Dann bekommen sie die Diagnose: "unheilbar"!

Der physische Körper sowie die anderen verschieden Ebenen des Menschen sind wie alles andere in der Natur nämlich selbstregenerativ: wieso können Bäume an ungestörten Orten 150 Jahre leben? Wieso übernimmt die Natur in kürzester Zeit die ganze Umgebung wieder, wenn sie unbeeinträchtigt und frei ihrem Verlauf folgt? Jede Zelle erneuert sich ständig in unserem Körper. Auch der Geist ist imstande Prozesse zu verarbeiten und zu integrieren, um Reife und Weisheit zu erlangen.

Den meisten Menschen ist direkt oder indirekt beigebracht worden, dass sie unwichtig, zu unscheinbar, zu dumm oder irgendwie unfähig sind, um wirklich etwas in dieser Welt zu bewirken. Jedoch ruft das Universum: „Was möchtest du erleben? Was hast du, einzigartiges Wesen, beizutragen?

Zeig doch, wer du bist! Weißt du, wer du bist? Du bist ein Ausdruck der Einheit." Das Universum will – durch dich- über sich selbst immer bewusster werden – genau wie du und dafür hat es dich erschaffen. Dafür erhältst du ständig und erneut neue Kräfte, solange du lebendig bist. Das ist die faszinierendste Reise deines Lebens: deine Selbsterkenntnisse führen dich zu den Geheimnissen deiner Pracht, deiner Kraft und deiner Selbstheilung mithilfe deines inneren Heilers. Der wiederum ist Teil deiner Verbindung mit der Unendlichkeit und der Ewigkeit. Von dort kommst du her und dorthin wirst du deinen Weg fortsetzen. Wie alle anderen lebendigen Entitäten. Und dadurch sind nicht nur alle Menschen untereinander gleichwertig, sondern auch mit allen anderen lebendigen Wesen, von den Tieren zu den Pflanzen, zu den Mineralien und zum Planet Erde.

Der Einklang mit dem eigenen Wesenskern fördert den Zugang zur inneren Heilerin / zum inneren Heiler. Sie / er hilft dir, deine Bedürfnisse zu erkennen und zu pflegen. Sie / er fördert die innere Kommunikation zu deinen unterschiedlichen Anteilen. Noch dazu ist sie / er zuständig für die Koordination zwischen denen. Die Weisheit deines Körpers, deiner Psyche, deines höheren Selbst kannst du nun empfangen, um mit ihnen zu interagieren. Sie ermächtigen dich, dein wahres Licht in der Welt auszustrahlen. Sie ermächtigen dich, deine Seelenbestimmung zu erfüllen und deinen Platz im großen Ganzen einzunehmen.

Dein innerer Heiler hilft dir auch, die Heilmethoden und die hilfreichen Therapeuten anzuziehen oder zu wählen. Vor allem aber ist es der innere Heiler, der innere Aspekt, der dazu beiträgt, dass du heil, ganz und authentisch wirst und bleibst. Denn Gesundheit auf allen Ebenen entspricht unserem natürlichen, ursprünglichen Zustand.

DREITÄGIGES SEMINAR ZUR AKTIVIERUNG DES INNEREN HEILERS

TAG EINS

Die unterschiedlichen Ebenen unseres Daseins: wir nehmen sie ausführlich durch als hilfreiches und konkretes Model
Der sichtbare und der unsichtbare Anteil?
Was ist Gleichgewicht? Wie erlange ich Gleichgewicht? Wie erhalte ich den harmonischen Zustand aufrecht?
Das Thema Vertrauen, Urvertrauen, Vertrauen in die Prozesse des Lebens, Selbst-Vertrauen
Was ist Gesundheit? Muss Gesundheit teuer sein?
Wir gehen auf individuelle Interessen und Bedürfnisse ein.

TAG ZWEI

Codex Humanus, das Buch der Menschlichkeit: DAS tabulose Standartwerk der Naturheilkunde
Kurze Einführung und individuelle Beratung
Innere Kommunikation zur Aktivierung der inneren Heilkraft und zur Gesundung
Einteilung von Harmonisierungsmethoden: von Gedanken zu Allopathie
Was hilft mir? Was brauche ich?
Übersicht von Testmethoden

TAG DREI

Praxis Tag
Gruppenarbeit sowie individuelle Übungen zu Testmethoden
Verschiedene Arbeitsunterlagen.
Zuverlässige Ergebnisse erhalten
Kompetenz und Grenzen
Selbst-Verantwortung, Unterscheidungsvermögen und Entscheidungsfähigkeit
Anderen helfen und der Respekt des freien Willens / Ethik
Gesund und frei

Literaturhinweise

Aurélienne Dauguet

Reiseführer zu deinen kosmischen Energien

Aura-Entdeckung

ISBN 978-3-944700-02-1 (Paperback)
ISBN 978-3-944700-12-0 (e-Book)

Alles was lebt, besitzt eine Aura.

Die Energien, die feinstofflichen Ausstrahlungen, wahrzunehmen, gehört zur natürlichen Begabung lebendiger Wesen. Diese wieder zu entdecken, eröffnet einen frischen, neuen Blick auf den Alltag und breite Horizonte.

Das Buch „Reiseführer zu deinen kosmischen Energien – Aura-Entdeckung" führt den Leser auf eine Entdeckungsreise in die verschiedenen Ebenen und Dimensionen der menschlichen Aura.

Es enthält sowohl theoretische Abhandlungen über die verschiedenen Schichten der Aura, wie den Ätherkörper, den Emotionalkörper oder den Mentalkörper, sowie auch praktische Übungen zum richtigen Umgang mit der Aura.

Letztlich wird das Buch für den Leser ein Reiseführer zu sich selbst.

Aurélienne Dauguet

AURATHERAPIE

für ÄRZTE, THERAPEUTEN

und interessierte LAIEN

ISBN 978-3-96051-055-0 (Paperback)

ISBN 978-3-96051-056-7 (Hardcover)

ISBN 978-3-96051-057-4 (e-Book)

Aurélienne Dauguet

AURATHERAPIE

für
ÄRZTE,
THERAPEUTEN
und
interessierte
LAIEN

LEHRBUCH
und
PRAXISBUCH

Dieses Buch besteht aus zwei Teilen:

Im Lehrbuch liegt der Schwerpunkt auf dem theoretischen Hintergrund, auf der Aura sowie den unterschiedlichen feinstofflichen Schichten. Es werden energetische Zugänge zur feinstofflichen Anatomie betrachtet. Auf die verschiedenen Aurapathologien sowie auf ihre Begradigung wird ausführlich eingegangen. Der hellsichtige Zugang zu Vergangenheit und Zukunft, zu inkarnationellen Erfahrungen, zu prophylaktischer Aurapflege und zur Aurachirurgie werden vorgestellt und in den therapeutischen Rahmen eingebunden.

Das Praxisbuch beinhaltet praxisorientierte Übungen, die die subtilen Wahrnehmungen des Therapeuten schulen, und Techniken, welche die Aura und deren Dimensionen pflegen, schützen, klären, harmonisieren und behandeln. Es enthält auch Erfahrungsberichte, die die Theorie und die Umsetzung der Auratherapie untermauern, sowie Erfindungen der Autorin.

Aurélienne Dauguet

Mein neues Leben mit

der Lichtnahrung

ISBN 978-3-96240-554-0 (Paperback)
ISBN 978-3-96240-555-7 (Hardcover)
ISBN 978-3-96240-556-4 (e-Book)

Dies ist der Bericht über den Lichtnahrungsprozess der Autorin. Sie vertraut uns an, wie ihr die Umstellung von „normaler" Nahrung auf Photonen-Nahrung gelungen ist. Wir begleiten sie während des ersten Jahres ihres neuen Lebens mit der Lichtnahrung.

Diese Beschreibung ist authentisch, bodenständig, klar und schlicht.

Der Sinn ihres Beitrags liegt darin, das Verständnis und den geistigen Zugang zur Lichtnahrung menschlich und realistisch zu erleichtern.

Niemand soll hierzu ermutigt werden. Dieser Prozess ist ein rein innerer Vorgang, ein Ruf der Seele. Hier gibt es nichts zu beweisen und niemanden zu überzeugen.

Für die Autorin war die Entscheidung, sich von Prana zu ernähren, eine der wichtigsten in ihrem Leben, mit der Freiheit, die Lichtnahrung jederzeit zu beenden oder sie fortzusetzen.

Aurélienne Dauguet

EIN NEUES SELBSTBILD

ERSCHAFFEN

ISBN 978-3-944700-14-4 (Paperback)
ISBN 978-3-944700-44-1 (e-Book)

Bin ich halt so wie ich bin und immer war und daran ist nichts zu rütteln? Oder bin ich auf Erden gerade dafür, um mich und mein Wesen zu entdecken, zu erforschen, zu entfalten und zum Ausdruck zu bringen? Oder bin ich hier inkarniert, um meine Persönlichkeit zu verfeinern, zu veredeln und sie im Einklang mit meiner Essenz zu verbinden?

Selbstbestimmt und aufrichtig schreite ich durch die Welt voran und erinnere mich an meinen innewohnenden göttlichen Funken. Als Schöpfermensch und in Übereinstimmung mit meinem Höheren Selbst lebe ich meine ewigen und multidimensionalen Aspekte im Alltag aus.

Dieses unterstützende Werk zur Selbsterkenntnis wirft ein transformatives Licht auf den Menschen als spirituelles Wesen mitten im aktuellen Um- und Durchbruch. Die Metamorphose ist voll im Gange. Die Notwendigkeit und die Verantwortung ein anderes Menschenbild zu entwerfen, liegen in den Händen von jedem Einzelnen. Ein neues Selbstbild für jeden ruft unmittelbar eine differenzierte Identität für die gesamte Menschheit hervor.

Aurélienne Dauguet

Der Blender

oder

Vom Lieben und Sterben

ISBN: 978-3-944700-17-5 (Paperback)
ISBN: 978-3-944700-57-1 (e-book)

Diese wahre Geschichte verleiht erstaunliche Einblicke in karmische Zusammenhänge und alte Glaubenssätze, die überholtes Verhalten an den Tag legen.

Auf der Reise in die Normandie zu spirituellen Gesprächen mit einem angesehenen Autor enthüllen sich mehr und mehr unerwartete Zusammenhänge.

Wie im Kaleidoskop entfalten sich verschiedene Schicksale aus dem Alten Ägypten bis in eine zukünftige, befreiende, lichtvolle Verheißung. Erkenntnisse konfrontieren inakzeptable Zustände und Beziehungsmuster, um sie unter dem Spotlight des Bewusstseins zu transformieren und zu heilen.

Reflektionen und geistige Fähigkeiten untermauern jeden Tag des nordfranzösischen Aufenthaltes. Ewig gültige Prinzipien stechen hervor aus der unterhaltsamen Erzählung und schenken ein tieferes Verständnis über das eigene Leben, Sterben und Lieben.

Aurélienne Dauguet

Gesunde Abgrenzung

ISBN: 978-3-944700-26-7 (Paperback)
ISBN: 978-3-944700-76-2 (e-book)

Nachsicht, Wohlwollen, und Respekt des Raums und des freien Willens unseres Gegenübers sind Teil der Interaktion zwischen Menschen der neuen Zeit.

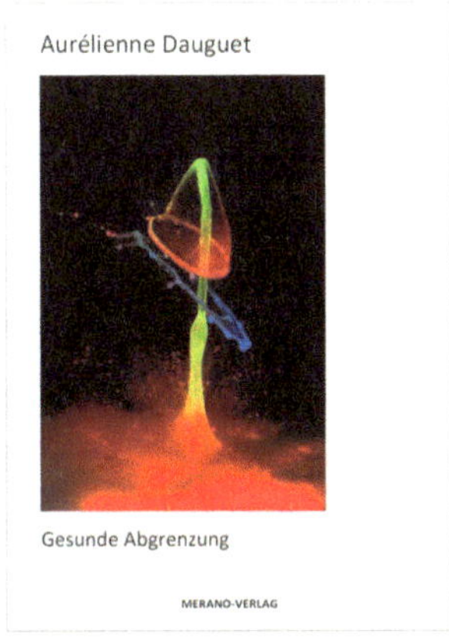

Nicht nur unter Menschen, sondern auch innerhalb der eigenen Einheit gehört ein achtsamer Zugang zum eigenen Körper, zum emotionellen Aspekt, zu den kognitiven sowie zu den geistigen und spirituellen Dimensionen unseres Daseins.

In ihrem 12. Buch (Gesamte Veröffentlichungen auf Deutsch, Englisch und Französisch) spricht Aurélienne Dauguet ein tiefsitzendes Thema an: die gesunde Abgrenzung auf den unterschiedlichen Ebenen des Seins im persönlichen sowie im kollektiven Bereich des Lebens. Auch gesunde Grenzen innerhalb der Familien-Strukturen werden mit Übungen und praktischen Hinweisen beschrieben.

Sollten wir mit unseren Mitmenschen nicht übereinstimmen, gehören jedoch Höflichkeit, Wohlwollen und Menschlichkeit zum Umgang miteinander. Dem bewussten Leben mit Wertschätzung zu begegnen ist eine moralische Pflicht.

Respekt für die Freiheit und den freien Willen unseres Gegenübers ist mit ethischen Folgen verbunden. Die Beeinträchtigung der Entwicklung eines Mitmenschen stellt eine der größten karmischen Brüche dar, die es gibt.

Über die Autorin

Aurélienne Dauguet (geboren 1953 in Paris) verfügt seit ihrer Jugend über eine ausgeprägte feinstoffliche Wahrnehmungsfähigkeit.

Zunächst als Krankenschwester (Zusatz Psychiatrie) tätig, ist sie heute unter anderem Dozentin an den Paracelsus-Schulen in Deutschland und der Schweiz für Auratherapie, fein-stoffliche Radionik, den Sterbeprozess aus ganzheitlicher Sicht, Geistiges Heilen etc.

Das aktuelle Unterrichts-Angebot ist bei den Paracelsus Schulen abrufbar.

Weiterbildungen: Lithotherapie, Aura-Arbeit, Aromatherapie, Blüten- und Edelsteinessenzen-Radiästhesie, feinstoffliche Radionik (ohne Gerät), „Radionic Practitioner" nach der „British Radionic Association" und mit David Tansley, Aura Soma Ausbildung mit Vicky Wall. Aurélienne Dauguet war Aura Soma Lehrerin.

Die Lehr- und Seminartätigkeit rund um das Thema Aura erfolgt europaweit.

Seit ca. 30 Jahren bietet sie sowohl in eigenen Räumen als auch per Telefon Lesen und Reinigen der Aura, Mediales Schreiben, Einzelsitzungen, Einzelunterricht sowie Fernunterstützung in deutscher, englischer und französischer Sprache an.

Bei Interesse siehe Kontaktdaten.

Kontakt:
Aurélienne Dauguet
Schießgrabenstraße 28

86150 Augsburg
Tel: 0049 821 / 45 40 77 44

WEBSEITE: aureliennedauguet.com